DIE REIHE
Archivbilder

REMAGEN

Auf dieser alten Lithographie – Bilderbogen von ca. 1850 – sind sechs verschiedene Bildmotive zu sehen, die bis auf die rechts oben abgebildete Victoria Berg-Eremitage alle als Vorlage für die ersten Postkarten (Vorläufer und Lithographien) dienten.

DIE REIHE

Archivbilder

REMAGEN

Dr. Wolfgang Peters

ALAN
SUTTON

Sutton Verlag GmbH
Gustav-Adolf-Straße 3
99084 Erfurt
http://www.suttonverlag.de

1. Auflage 2000

ISBN 3-89702-234-5

Druck: Midway Clark Printing, Wiltshire, England

Auf dieser Vorläufer-Postkarte von vor 1890 tauchen vier der sechs Motive der ersten Postkarte (S. 2) auf. Eingerahmt von rankenden Reben links oben die Erpeler Ley, links darunter das Römer-Tor vor dem Umbau und daneben die berühmte St.-Apollinaris-Kirche. Das größte Motiv zeigt die Rheinpromenade mit den Hotels „Zum Anker", „Fürstenberg/König von Preussen" und das „Rheinhotel".

Inhaltsverzeichnis

Quellenangaben

Die verwendeten Ansichten stammen ausschließlich aus der umfangreichen Postkarten- und Heimatsammlung des Autors. Weitere Quellen waren: E. Bündgen: Die Personenschiffahrt auf dem Rhein; H. Atzler/H. Wilms: 1100 Jahre Oberwinter; Traditions-Verein Unkelbach: Dorfgeschichtsbuch; Schnell, Heimatführer: St. Apollinaris, Remagen.

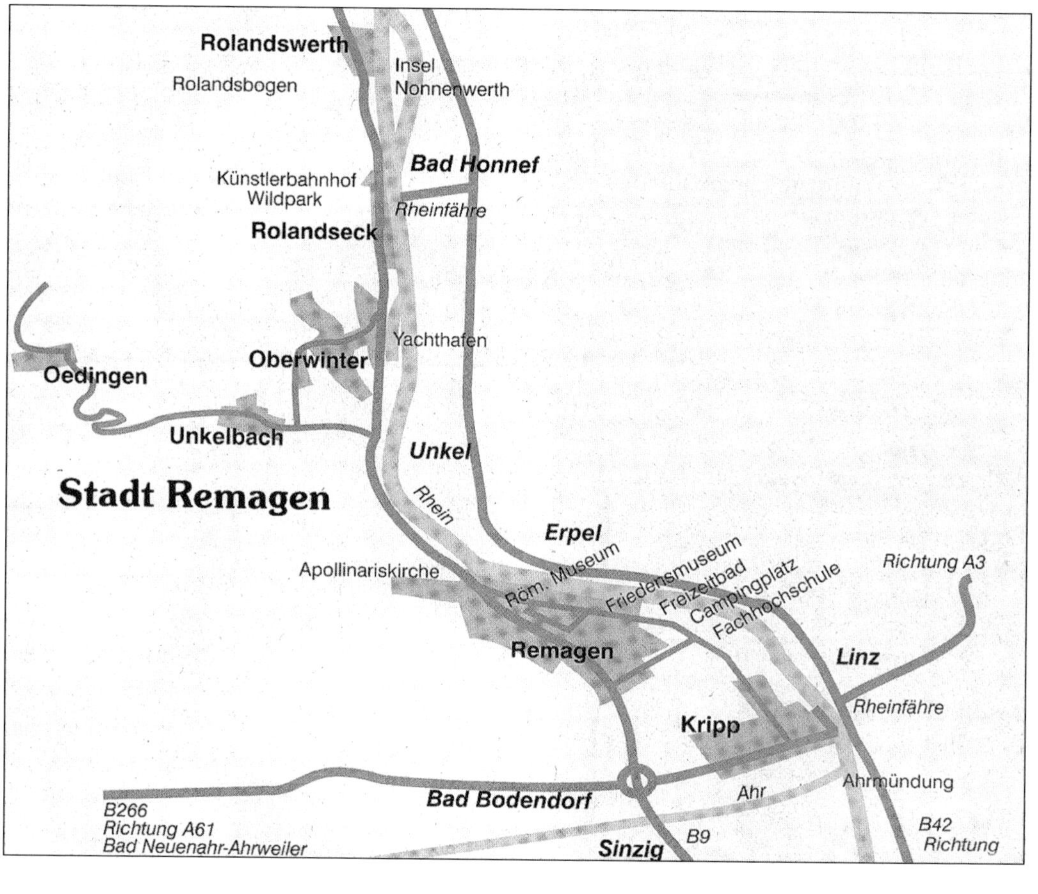

Einleitung

Die Anfänge Remagens gehen in vorrömische Zeit zurück. Rigomagus (Königsfeld) stammt aus der keltischen Sprache. Ein Eichenbalken aus einer Palisade, der in Remagen gefunden wurde, konnte anhand seiner Jahresringe auf die Jahre zwischen 6 v. Chr. und 6 n. Chr. datiert werden. In der ersten Hälfte des ersten Jahrhunderts nach Christus legte die römische Armee ein erstes Kastell für eine teilweise berittene Hilfstruppe von 500 Mann an. Vor dem Kastell entstand eine ausgedehnte Zivilsiedlung. Beide wurden im Bataveraufstand 69/70 n. Chr. zerstört und danach wieder aufgebaut. Am Ende des dritten Jahrhunderts wurde das Kastell zu einer Festung ausgebaut. Im Jahr 356 erwähnt der römische Geschichtsschreiber Ammianus Marcellinus das Rigomagum oppidum, das einen Germaneneinfall überstanden hatte. Über das Ende der römischen Garnison im ausgehenden vierten Jahrhundert liegen keine Nachrichten vor. Doch blieb romanische Bevölkerung neben den eingewanderten Franken zurück. Für das fünfte Jahrhundert sind Christen und eine Kirche nachgewiesen. Die Funde aus dieser Epoche sind heute im Römischen Museum Remagen in der Kirchstraße zu besichtigen.

Im Mittelalter wird Remagen erstmals wieder im Jahr 755 erwähnt, als Odilbert dem Kloster Stablo einen Weinberg schenkte. Solche Schenkungsurkunden sind über Jahrhunderte hinweg die einzigen erhaltenen Nachrichten. Auf dem Berg entstand eine Kirche, die dem fränkischen Nationalheiligen Martin geweiht war. Im Jahre 1110 wurde auf Betreiben der Remagener auf dem Martinsberg eine Propstei des Klosters Siegburg begründet, die im 14. Jahrhundert mit Reliquien des Heiligen Apollinaris ausgestattet wurde. Im zwölften Jahrhundert waren die reichen und selbstbewußten Remagener auf dem Weg, sich als reichsfreie Stadt zu konstituieren. Ausdruck dessen ist die Urkunde von 1221, in der die Mönche auf dem Berg von jeglicher Steuerzahlung befreit wurden. Doch schon zu dieser Zeit hatte eine andere Entwicklung eingesetzt: 1198 wurde Remagen in den Kämpfen um das Königtum niedergebrannt. Die Pfarrkirche St.-Peter-und-Paul wurde erst 1246 wieder neu erbaut. 1248 wurde Remagen vom König vollständig an den Grafen Adolf von Berg verpfändet. Remagen entwickelte sich von der freien zu einer kleinen landesherrlichen Stadt. Der Kaiser Karl IV. gestattete 1357 dem Grafen von Burg, Remagen mit einer Mauer zu befestigen. Über Jahrhunderte hinweg waren die Remagener nun kleine Winzer, Bauern oder Handwerker, die aus ihren Reihen Schöffen, Räte und Bürgermeister wählten. Im 17. Jahrhundert wurde Remagen durch Kriege mehrfach schwer in Mitleidenschaft gezogen.

1796 besetzten französische Truppen das Rheinland. Remagen gehörte bis 1814 zur Französischen Republik. Die Klöster wurden aufgelöst, das Kirchengut verkauft. So gelangte der Apollinarisberg in den Besitz der Gebrüder Boisserée, die ihn 1836 an den Grafen von Fürstenberg-Stammheim verkauften. Egon von Fürstenberg-Stammheim ließ an Stelle der baufälligen mittelalterlichen Kirche durch den Kölner Dombaumeister Ernst Friedrich Zwirner von 1839 bis 1843 eine neugotische Kirche errichten und von 1843 bis 1853 von den Malern Andreas und Karl Müller, Ernst Deger und Franz Ittenbach ausmalen. Dieses Bauprojekt brachte viele Gäste nach Remagen, das seit 1815 zur preußischen Rheinprovinz gehörte. Dampfschiff (1842) und

Eisenbahn (1858) veränderten das Leben der kleinen Stadt, die seit etwa 1830 begonnen hatte, über ihre mittelalterliche Mauer hinaus zu wachsen. An der neu angelegten Rheinpromenade gab es Hotels, von denen das Hotel „Fürstenberg" der Familie Caracciola das bekannteste war.

Gegen Ende des zweiten Weltkrieges erlitt Remagen schwere Schäden durch Bombenangriffe. Am 7. März 1945 fiel die von 1916 bis 1918 gebaute Ludendorffbrücke in die Hand der neunten US-Panzerdivision. Für kurze Zeit wurde sie zur berühmtesten Brücke der Welt, bis sie am 17. März 1945 einstürzte.

Nach Gründung der Bundesrepublik Deutschland 1949 war die Entwicklung Remagens vom benachbarten Regierungssitz Bonn beeinflußt. Die Folgen dieser Entwicklung wurden erst nach 1991 mit dem Umzug von Regierung und Parlament nach Berlin deutlich. Inzwischen hat der Rhein-Ahr-Campus der Fachhochschule Koblenz den Strukturwandel sichtbar eingeleitet.

Kurt Kleemann
Stadtarchivar

Diese Chromolithographie-Karte, um 1910, zeigt im Hintergrund den romantischen Ort Erpel mit der Erpeler Ley und den Schiffsverkehr auf dem Rhein, einen zu Berg fahrenden Personendampfer sowie einen kleinen Schlepper mit leerem Lastkahn. Am Landungssteg sieht man drei kleine Ausflugschiffe und das Bootshaus der Remagener Rudergesellschaft.

1
Ansichten einer Stadt

Im Blick rheinabwärts zeigt diese Lithographie den nördlichen Teil der historischen Altstadt mit der alten Pfarrkirche, welche sich auf dem Gebiet des alten Römerkastells befindet. Westlich davon überragt die neugotische St.-Apollinaris-Kirche den Rhein und das Stadtgebiet Remagen. Links sieht man das Stadtwappen und das Hotel „Bergischer Hof" von Jakob Christ, mit dem alten Bahnübergang links. Dieses Hotel wurde wie viele andere bereits abgerissen.

Die alte Pfarrkirche St.-Peter-und-Paul aus dem zwölften Jahrhundert erhielt 1902 einen Neubau im romanischen Stil. Bei der Erweiterung ging man praktisch vor, indem man das alte Gotteshaus einschließlich des Turmes zum Querschiff machte. Beim Ausschachten des Fundamentes wurde ein römisches Erdkastell aufgedeckt.

Ein Blick in das Innere der Pfarrkirche, um 1910. Die Kreuzigungsgruppe über dem Altar wurde später wieder entfernt.

Das alte Rathaus stand früher weiter links. Es wurde im Jahre 1539 erbaut und 1810 abgerissen. Der Neubau erfolgte in den Jahren 1835 bis 1839. Der Marienbrunnen auf dem Markt ist 1862 errichtet worden. Die Inschrift der Brunnensäule lautet: „Möge diese klare Quelle unter Gottes Schutz allen, die daraus schöpfen, zum Heile gereichen". Rechts in der Kirchstraße ist im Hintergrund das Knechtstedensche Kloster mit Spitzgiebel zu sehen.

1844 wurde der Eisenbahnverkehr Köln – Bonn aufgenommen und 1856 bis Rolandseck weitergeführt. Ab 1858 fuhren Züge durchgehend von Köln bis nach Remagen. Das Stationsgebäude von 1859/60 wurde 1888 erweitert. 1880 wurde die Ahrtalbahn mit der Strecke Remagen – Ahrweiler gebaut.

Der Wartesaal der ersten und zweiten Klasse des Bahnhofs Remagen. Hinter der Theke an der Wand sind die Büsten des Kaiser Wilhelms II. und von Kaiserin Auguste Victoria zu sehen, links diverse Reklamen von Biermarken. Davor sitzt der damalige Pächter des Lokals, an der Wand steht ein Kellner. Zeitpunkt dieser Aufnahme dürfte um 1910 gewesen sein.

Der Blick vom Engelsberg geht auf die Pfarrkirche St.-Peter-und-Paul sowie auf den Kern der Altstadt mit der Milchgasse und der Kirchstraße. Ganz unten links beginnt die Bergstraße, die zum Apollinarisberg führt.

Ein mächtiger Radkastenschlepper zieht seine Lastkähne mit voller Kraft bergwärts. In der heutigen modernen Schubschifftechnik ist dies veraltet. In der rechten Bildhälfte vor der Kirche ist noch der Schornstein und das Gebäude der ehemaligen Pumpstation zu erkennen.

Auf dieser Doppelkarte einer sehr seltenen Lithographie, die 1899 verschickt wurde, zeigt sich das gesamte Panorama von Remagen und Umgebung. Unten steht ein kleines Verslein zum Ursprung von Remagen.

Auf dieser schönen Lithographie von 1898 ist dreimal die St.-Apollinaris-Kirche zu sehen. Weinumkränzt ging dieser Gruß von Remagen nach Köln.

Auf der zweiten Hälfte der Doppelkarte folgt ein weiterer Vers, der das besonders gute Trinkwasser von Remagen lobt.

Im Hintergrund zeigt sich die erhabene Wallfahrtskirche mit dem alten Priorat. Am Ufer des Rheines ist eine alte Anlegestelle für die Pilgerschiffe zu sehen. Die Gläubigen zogen betend den Deichweg und weiter die Bergstraße oder über den Kreuzweg zur Kirche hinauf. Farbdruck eines Gemäldes von Eckenbrecher aus der Zeit um 1850.

Den Aufgang zur St.-Apollinaris-Kirche herabblickend, schaut man auf Remagen. Zwei Wanderer im Vordergrund lesen im Wanderführer und machen sich Notizen von ihrer Wegstrecke. Aufnahme von 1908.

Ansicht eines Weinbergs mit einer Winzerlaube, von der man einen herrlichen Blick auf Remagen hatte. Viele Häuser der Bergstraße sind auch heute noch in gutem Zustand.

Um 1904 gegen Osten aufgenommen, steht die neue Pfarrkirche schon mit der alten vereint im Zentrum des Bildes. Die Weinberge reichten damals noch bis zum Rhein hinab. Schon einige Jahre später trat hier die Reblaus auf und setzte dem Weinbau ein Ende.

An der noch unbefestigten Rheinpromenade liegt links ein Apollinarisfrachtschiff bereit, um Ladung aufzunehmen; ein Raddampfer hat am Anleger festgemacht. Zur rechten Seite hin beginnt mit dem „Rheinhotel" die Rheinfront von Remagen.

Die Fürstenbergstraße in Richtung Bonn, um 1900. Links steht das ehemalige Bürgermeisterhaus, gefolgt von Geschäfts- und Privathäusern. Nach dem Bau der Nordeinfahrt ist diese Straße eine Sackgasse geworden und nur über den Leepfad zu erreichen.

Ein romantisches Eckchen ist die alte Milchgasse mit Teilen der alten Stadtmauer, die von 1360 bis 1380 erbaut wurde. Hier am westlichen Ende der Gasse stehen heute liebevoll renovierte, alte Fachwerkhäuser.

Links sieht man noch den ehemaligen Pavillon am sogenannten Rondellchen, dann folgen die Villen am Rheinufer, überragt von der St.-Apollinaris-Kirche und dem alten Priorat. Rechts am Ufer liegt das Rheinschwimmbad vom Ohm Reiff.

Im Westen liegt hinter kahlen Weinbergen die Kirche, rechts unten ist ein Teil der Fürstenbergstraße und das untere Villenviertel zu sehen.

Im Vordergrund liegt der Bahnhof mit den Bahnsteigen, den Gleisanlagen und dem Stellwerk. Um 1904 sieht man unterhalb des Bahnhofs rechts das Hotel „Deutscher Kaiser“.

Im Vordergrund dieser Aufnahme aus der Zeit um 1920 ist die Maristenschule zu sehen, die noch viele Remagener Schüler kennenlernten. Die Ludendorffbrücke ist gut zu erkennen. Später wurde in den Schulgebäuden das Amt für Wehrmedizinalstatistik der Bundeswehr untergebracht.

Auf dieser Fliegeraufnahme kann man sehr gut die gesamte Rheinpromenade mit allen Hotels und den vielen Anlegestegen der Schiffe überblicken. Die Aufnahme von 1938 zeigt schon die modernisierte, mit Blumenanlagen verschönerte Promenade.

Der Blick von der Kirche gegen Osten auf den Strom läßt unter der Brücke ein zu Tal treibendes großes Holzfloß erkennen. Aus Sicherheitsgründen wurde bei dem erheblich zunehmenden Motorschiffverkehr gegen Ende der fünfziger Jahre diese Art des Holztransportes eingestellt. Aufnahme um 1928.

Im Kriegsjahr 1940 ist es ruhig an der Rheinpromenade, es drohen noch keine Luftangriffe. Das erste Haus links ist die Privatpension „Prinz", dahinter folgen die Hotels „Anker" und „Fürstenberg".

Auf dieser Soldatenkarte von 1911, aufgenommen in Höhe der St.-Apollinaris-Kirche rheinaufwärts, liegen im Vordergrund drei prächtige Villen des unteren Villenviertels, gefolgt vom St.-Clara-Stift und der Pfarrkirche. Amüsant ist der Text auf der oberen Ansicht.

Von einer Anhöhe oberhalb von Remagen in Höhe der alten Post zeigt die Karte einen Ausschnitt des Stadtbildes von Remagen. Neben dem Postgebäude ist rechts die Synagoge zu sehen, am östlichen Rheinufer liegt der Weinort Erpel, noch von zahlreichen Weinbergen umgeben.

Das westliche Ende der Fürstenbergstraße mit den letzten beiden Häusern. Das erste, welches früher einmal Haus Wehner hieß, steht auch heute noch, das zweite ist im letzten Krieg durch Bomben völlig zerstört worden.

Um 1900 nähert sich eine Dampflokomotive in Höhe der St.-Apollinaris-Kirche dem Bahnhof von Remagen. Rechts führt die Straße Am Spich zum unteren Villenviertel. Hier befindet sich heute die Nordeinfahrt der Stadt Remagen.

Gleisarbeiter sind mit Reparaturen an der Bahntrasse beschäftigt, rechts geht es den Deichweg hinab. Die kleine Bahnunterführung an der Gaslaterne diente als Abkürzung für die Fußgänger, die den längeren Weg über den Bahnübergang meiden wollten. Die hinter der Bahnlinie liegenden Häuser wurden alle vor längerer Zeit abgerissen.

Die ehemalige Coblenzerstraße, heute Marktstraße, hatte damals im Jahre 1911 noch keine Kanalisation, das Oberflächenwasser lief in einem offenen Graben dem Rhein zu. Wo heute alles zugebaut ist, waren damals noch freie Flächen zu finden.

Auf diesem Teil der Coblenzerstraße ist rechter Hand ein Teilstück des St.-Anna-Klosters zu sehen, heute ist darin der Kindergarten untergebracht. Dahinter führt die Fährgasse zum Rhein hinunter. Das folgende Gebäude war das frühere Hotel „Hoersen“, heute beherbergt es das evangelische Gemeindehaus mit einem Dritte-Welt-Laden.

Ein Blick auf die heutige Marktstraße in Richtung Rathaus. Sie ist belebt von vielen Fußgängern, nicht ein Auto ist zu sehen. Rechts ist noch das „Café Denn“ zu erkennen, dahinter ein Tabakwaren- und ein Friseurgeschäft, dann folgt das Hotel „Hof von Holland“.

Ein Stück weiter hinunter auf dieser Straße ist 1917 viel Volk zu sehen. In der Bildmitte mit der gehißten Fahne steht das Hotel „Heinrich Faßbender“, im Vordergrund rechts die Gastwirtschaft von Wilhelm Müller, der nebenher noch Maler und Tapezierer war. Links hinter der Gaslaterne war die Werkstatt des Fr. Linhard, eines Herrenschneiders.

Um 1900 wurde das Rhein-Sanatorium „Neues Leben“ in Remagen gegründet. Noch vor dem Ersten Weltkrieg wurde daraus das „Haus Hohenlinden“, ein Erholungsheim der Stadt Duisburg, was es auch bis nach dem Zweiten Weltkrieg blieb. Dann wurde es als „Phönixhaus“ für die Betreuung von Suchtkranken genutzt.

Ein ganzer Speisesaal voll von hungrigen Mädchen und Jungen, die nach Sport und Spiel ihre Teller leer essen.

Der große Gutshof in der Calmuth, einem kleinen Seitental des Rheines in Richtung Bonn, hat eine wechselvolle Geschichte hinter sich. Das landwirtschaftliche Anwesen stammt aus der Kaiserzeit um 1900, wurde dann in der Zeit des Dritten Reiches als HJ-Schule benutzt, nach dem Krieg dann zur Film-Union umgebaut. Die Internationale Film-Union war ein deutsch-französisches Unternehmen und wurde im März 1947 gegründet. Hier wurden vor allem Kopier- und Synchronisationsarbeiten bei Schwarzweißfilmen durchgeführt. Seit 1996 ist der Betrieb geschlossen.

Über dem zu Berg fahrenden Radkastendampfer liegt das romantische Schloß Marienfels am Berghang. Seinen Namen verdankt das Schloß einer Muttergottesfigur mit Kind, die unterhalb des Schlosses in einer Nische der Felswand steht. Am 17. Mai 1859 erfolgte die Grundsteinlegung, und im August 1860 zog der Besitzer Eduard Frings aus Krefeld-Uerdingen mit seiner Familie ein. 1907 wurde es vom Kölner Industriellen Otto von Guilleaume gekauft. Danach wechselten mehrfach die Besitzer.

An der Gabelung der Bachstraße zur Kirchstraße steht das neue Rathaus von Remagen. Auf dem Marktplatz unter den Bäumen in Straßennähe befand sich der alte Marienbrunnen, der dann beim Bau der Fußgängerzone in die Mitte des Platzes verrückt wurde. Rechter Hand war um 1930, als dieses Foto entstand, noch die alte Apotheke zu finden.

Ein Vierteljahrhundert später sehen Rathaus und Marktplatz so aus. Das Geländer rechts wurde durch eine Mauer ersetzt, die Bäume haben deutlich an Größe zugelegt.

An der Grabenstraße steht auch heute noch dieses ehemalige Postgebäude. Rechts ist ein Teil der Einfriedung der Synagoge zu sehen. Nach dem Neubau der Post in der Von-Lassaulx-Straße zog hier die Freiwillige Feuerwehr ein. Inzwischen hat die Feuerwehr vor den Toren der Stadt in der Nähe der Südeinfahrt ein neues Zuhause. Dem Altbau droht der baldige Abriß.

Die noch aus der Kaiserzeit stammende Neue Schule wurde vor vielen Jahren in „Grundschule St. Martin" umbenannt. Inzwischen wurde dem Bedarf entsprechend angebaut und eine Turnhalle neben dem Schulgebäude erreichtet. Das kleine Tor rechts und die große Eingangspforte sind nun verschwunden.

Diese Villa steht auch heute noch am Rheinufer in der Straße Am Spich. Sie war zum Zeitpunkt dieser Aufnahme Eigentum des Geheimen Kommerzienrates Max von Guilleaume aus Köln. Im Ersten Weltkrieg diente das Gebäude als Reservelazarett und hatte sogar einen eigenen Sonderstempel, der auch die Rückseite dieser Feldpostkarte ziert.

Diese Postkarte stammt aus einer Serie, deren Verkauf Verwundeten zugute kam.

Die Villa „An der Eich“, hoch über der Kölner Straße, um 1910. Vielen Remagener Bürgern ist das Gebäude eher unter dem Namen „Villa Heimann“ bekannt. Friedrich Karl Heimann, ein Kölner Fabrikant, war der Bauherr dieses prächtigen Anwesens.

An der heutigen Sinziger Straße steht die Villa „Bergfried“ aus dem vorigen Jahrhundert.

Das noch aus dem vorigen Jahrhundert stammende Pensionat „Linden“ stand an der Ecke Marktstaße/Geschwister-Scholl-Straße. Auf dieser Aufnahme, die um 1899 entstand, ist das aus Ziegelsteinen erbaute Haus mit einer riesigen Glyzinienhecke bewachsen.

Diese Karte ist zwar erst 1909 verschickt worden, aber mit Sicherheit älter als die obere. Das Gebäude diente als Mädchenpensionat für Töchter wohlhabender Eltern, viele kamen damals aus den Beneluxländern und Frankreich. Später hatte es den vornehmen Namen „Chateau Concordia“ bekommen.

Auf dieser Südansicht der St.-Apollinaris-Kirche mit dem alten Priorat sieht man links den bis zum Rheinufer reichenden Weinanbau. Dahinter liegen die schönen Villen mit direktem Blick auf den Rhein. Rechts unten ist noch die alte Pumpstation zu erkennen.

Unter mächtigen Buchen liegt auf einem Hügel die Kemmingshöhe, auch das Rondellchen genannt, ein beliebter Treff- und Aussichtspunkt am Rhein. Die mit Laternen versehenen Anlagen sind sauber und gepflegt.

2
Leben am Fluß

Hauskarte des Hotels „Fürstenberg", um 1900. Auf der rechten Seite sieht man das „Rheinhotel", dahinter das Hotel „König von Preußen" und das Hotel „Fürstenberg". Ursprünglich handelte es sich um zwei getrennte Hotels, die aber schon um 1870 unter der Regie von Otto Caracciola vereint wurden. Am Ufer im Vordergrund liegt ein Fischernachen mit zwei Fischern. In der Bildmitte zieht ein Radkastenschlepper zu Berg, ein Lastkahn wird an den Landestegen mit Apollinariswasserkrügen aus Fuhrwerken beladen.

Ein Stück weiter stromaufwärts bestimmen das Hotel „Anker" und Privathäuser das Uferbild von Remagen. Davor liegen an Landungsstegen zwei kleine Ausflugsboote. Links am Bildrand ist das Bootshaus der Remagener Rudergesellschaft zu sehen.

Die Karte von 1911 mit einem Angler im Vordergrund und drei spielenden Kindern gibt über die ankernden Schiffe den Blick frei auf den Weinort Erpel und die Erpeler Ley, ein mächtiges Basaltmassiv, durch das im Ersten Weltkrieg der Eisenbahntunnel für die Remagener Rheinbrücke gebrochen wurde.

An der Rheinpromenade im ursprünglich unbefestigten Zustand liegt der englische Lastensegler „Mary Kate“ (London) vor Anker, um Fracht aufzunehmen.

Auf dieser Rheinpartie mit der Erpeler Ley im Hintergrund fährt hinter den Lastkähnen der Raddampfer „Barbarossa“ zu Tal. Bei näherem Hinsehen scheint er gut besetzt zu sein.

Vor dem „Rheinhotel" sind um 1900 zahlreiche Tagelöhner damit beschäftigt, die von Fuhrwerken ans Ufer gebrachte und dort gestapelte Ware, das weltberühmte Apollinariswasser, über Stege an Bord der Lastensegelschiffe zu tragen.

In den Jahren vor dem Zweiten Weltkrieg erfolgte der Transport schon auf modernen Motorschiffen. Im Vordergrund liegt die Apollinaris II (Groningen). Im Hintergrund wieder der romantische Weinort Erpel, die Erpeler Ley und eine Teilansicht der Ludendorffbrücke, welche von 1916 bis 1919 erbaut worden war.

Ansicht um 1911. Hier liegt der unter Dampf stehende Raddampfer „Wilhelm Kaiser und König“ an der Landungsbrücke von Remagen. Nur wenige Passagiere bevölkern das Schiff.

An der Landungsbrücke liegt zur Bergfahrt bereit der Raddampfer „Kaiserin Friedrich“, benannt nach der deutschen Kaiserin Adelaide Louise (1840 bis 1901), der Ehefrau Kaiser Friedrichs III. Dieses Bild wurde von der Ackermannsgasse aus aufgenommen.

Auf dieser Ansicht von der Rheinpromenade liegt ein zu Berg fahrender Radkastendampfer am Landungssteg der Köln-Düsseldorfer Dampfschiffahrtsgesellschaft. Die Rheinuferpromenade wurde in den dreißiger Jahren umgebaut und modernisiert.

Im Vordergrund sind zwei der schwankenden Ladestege für die Lastenschiffe der Apollinarisflotte zu sehen, sie machen keinen sicheren Eindruck. Der Radkastendampfer „Overstolz" fährt zu Tal.

Auf dieser Fotokarte vom bekannten Remagener Fotografen Wilhelm Stang, aufgenommen im Januar 1939 vom „Rheinhotel“ aus in Richtung Erpeler Ley und Ludendorffbrücke, sind unter den Fahnen des Dritten Reiches gleich drei zu Berg fahrende Raddampfer zu sehen. Die neue Rheinpromenade mit Blumenbeeten und Laternen hat den Gesamteindruck enorm verbessert.

Eine größere Anzahl von Touristen und eine Gruppe Pfadfinder eilen auf die Landungsbrücke zu, an der gleich der talwärts fahrende Raddampfer „Vaterland“ anlegen wird.

Auf dieser Rheinpartie vor der bekannten Kulisse mit der Erpeler Ley, der Rheinbrücke und der Hotelfront der Rheinpromenade hat gerade der Radkastendampfer „Elsa“ angelegt, um Passagiere aufzunehmen.

Auf dieser Fotopostkarte, die vor dem Zweiten Weltkrieg entstand, sieht man die St.-Apollinaris-Kirche, rechts daneben das alte Priorat der Franziskaner. Am Ufer sind drei Häuser des unteren Villenviertels zu sehen, stromabwärts liegt am Steg vertäut das ehemalige Rheinschwimmbad vom Ohm Reiff. Im Bildvordergrund liegt noch ein alter Aalfänger vor Anker.

Die winterliche Aufnahme der Ludendorffbrücke vom linksrheinischen Uferweg zeigt ein zu Berg fahrendes Frachtschiff. Links sieht man die Erpeler Ley mit dem Tunneleingang der Eisenbahnlinie.

Diese Aufnahme des bekannten Remagener Fotografen Willi Stang, die kurz vor dem Krieg entstand, zeigt einen ähnlichen Blickwinkel wie oben, jedoch ist der Eindruck der Ley stärker und schärfer. Oben links dicht unter dem Plateau des Berges ist ein Hakenkreuz zu erkennen.

Die Ludendorffbrücke wurde von 1916 bis 1919 erbaut. Sie sollte den Transportweg für Kriegsgüter und Truppen verkürzen. Bedeutend wurde sie am 7. März 1945, als sie nach mißglückter Sprengung in die Hände der amerikanischen Armee fiel. Die Amerikaner konnten über die Brücke nach Osten vorstoßen, bis sie am 17. März 1945 einstürzte.

Diese Aufnahme aus der Zeit um 1920 zeigt die Rheinbrücke stromaufwärts mit den beidseitigen Brückentürmen und den im Strom liegenden Brückenpfeilern.

Diese Feldpostkarte von 1940 zeigt über Remagen hinweg die intakte Rheinbrücke mit den Brückenpfeilern zu beiden Ufern, dahinter die Erpeler Ley und den angrenzenden Westerwald. 1940 konnten die Fracht- und Passagierschiffe noch relativ sicher auf dem Rhein fahren, später wurde der Schiffsverkehr durch feindliche Luftangriffe sehr gefährlich.

Zur Erinnerung an die Wiedersehensfeier ehemaliger 29er in Erpel/Rhein wurde diese Sonderpostkarte mit dem Emblem des III. Rheinischen Infanterie-Regimentes von Horn, Nr. 29, herausgegeben.

Dieses Foto wurde aus dem Felsloch hoch oben im Erpeler-Ley-Massiv aufgenommen. Die Öffnung ist der Endpunkt eines aus dem Basalt gebrochenen Ganges, der durch den Berg auf die Nordwestseite führt. Er diente dem Abtransport des Basaltgesteins.

Die Ludendorffbrücke ist hier einmal im Großformat vor dem Steilmassiv der Erpeler Ley zu sehen. Gerade hat der Radkastendampfer „Bismarck“ auf Bergfahrt die Brücke passiert.

Im Vordergrund sieht man acht spielende Kinder unmittelbar am Rheinufer. Stromaufwärts liegt die Landebrücke der Niederländer Dampfschiffahrt, ein Konkurrent der Köln-Düsseldorfer Dampfschiffahrtsgesellschaft. Zu Berg fährt ein Raddampfer an Remagen vorbei.

Hier sind im Vordergrund ein Ruderboot und ein Fischernachen zu sehen. Als der Rhein noch sauber war, gab es viele Fischarten, wie z.B. Lachs und Stör sowie Krebse. In einem Dienstvertrag eines Zimmermädchens des Hotels „Fürstenberg“ in Remagen war ein Zusatz zu lesen, daß das Personal nicht mehr als dreimal pro Woche Lachs essen mußte.

Soeben hat der Raddampfer „Undine“ am Anleger festgemacht.

Der Raddampfer „Rheinland“ fährt zu Berg. Diese Postkarte gibt es in drei Ausgaben, wobei die Fahne am Heck abwechselnd die der Weimarer Republik, die des Dritten Reiches oder die der Bundesrepublik Deutschland ist.

Typisch für Remagen waren die Droschken, wie hier auf der Karte die Kutschen der Fuhrhalterei Alex Jung. Die Kutscher fuhren besonders gern lange Touren, z.B. nach Altenahr.

Auf dieser Postkarte, die im Ersten Weltkrieg für die Verwundetenhilfe herausgegeben wurde, sehen wir am Fuß der Kemmingshöhe, am Rondellchen, fünf genesende Soldaten in Begleitung einer Krankenschwester.

6 EN ALLEMAGNE OCCUPEE. Auto stop.
IN BEZET DUITSCHLAND. Auto stop.
IN GERMANY. Hitch hacking.

Auf dieser Karte ist eine Straßenszene zu sehen, die nach 1945 spielen könnte. Auf dem Schild kann man den Ortsnamen Remagen lesen.

3
Kirchen, Klöster und Kapellen

Vom Kreuzweg aus hat der Remagener Fotograf Baptist Schneider diese Aufnahme gemacht. Man erkennt links noch die Häuser des unteren Villenviertels, dann folgen Weinberge, das St.-Clara-Stift und die Pfarrkirche. Um 1910 wurde setzten Reblaus- und Sauerwurmbefall dem Weinbau in Remagen ein fast völliges Ende.

Vor dem festlich mit Fahnen geschmückten Pfarrhaus, das 1794 unter französischer Besetzung erbaut wurde, und der Pfarrkirche haben sich zahlreiche Menschen versammelt. Ganz rechts stehen der Pfarrherr und der Architekt der neuen Kirche. Der große Marienbrunnen wurde 1718 errichtet und 1904 restauriert. Die Brunnensäule ist gekrönt von einer Madonna mit Kind, darunter befindet sich das Wappen von Remagen. Die Aufnahme stammt vom 30. Juni 1904.

Ein Vierteljahrhundert später wird das Bild von blühenden Blumen und großen Bäumen bestimmt. Die Häuser links vom Brunnen sind gegen Ende der sechziger Jahre abgerissen worden, um einem Parkplatz Raum zu schaffen.

Einen großräumigen Überblick gibt diese Karte über das Remagen von 1910. Vorn links steht das Haus des Fotografen Baptist Schneider, welcher exzellente Aufnahmen machte. Rechts führt die Fürstenbergstraße zum Bahnübergang in die Stadt hinein.

Feldpostkarte eines Genesenden, am 28. Dezember 1914 nach Riesa geschrieben. Er lag im Reserve-Lazarett „St.-Clara-Stift", das man links am Fachwerk gut erkennen kann. Während des Krieges gab es allein in Remagen zehn solcher Lazarette.

Die alte Pfarrkirche wurde 1246 am Samstag nach Peter und Paul eingeweiht. Der Turm der alten katholischen Pfarrkirche ist 1633 im Dreißigjährigen Krieg abgebrannt und wurde 1670 wieder aufgebaut. Die Grundsteinlegung zur neuen Pfarrkirche erfolgte im Jahre 1900.

Auf dieser Ansicht von der Pfarrkirche sieht man die gelungene Verschmelzung der alten und der neuen Bausubstanz. An der Kirche vorbei führt der Deichweg zum Rhein hinunter, links sind Hausdächer der Straße Am Spich zu erkennen.

Im Vordergrund, mit Häusern der Fürstenbergstraße, bestimmen die Pfarrkirche und die Altstadt das Bild. Im Zentrum der Ansicht erkennt man das Rathaus und links davon das Gebäude der Feuer- und Rettungswache der Freiwilligen Feuerwehr.

Die Apsis mit dem Altarraum der neuen Pfarrkirche St.-Peter-und-Paul. Man sieht den von der Gräfin von Hoensbroech gestifteten Altar, darüber auf einem Querpodest ein großes Kruzifix und zwei Frauenstatuen. Diese Gruppe ist schon vor Jahren aus Sicherheitsgründen entfernt worden. Angeblich war die Gruppe schlecht befestigt und gesichert, so daß hier mit einem eventuellen Absturz und Personenschäden gerechnet wurde.

Diese seltene Aufnahme, um 1900, zeigt das Romanische Portal mit allegorischen Steinskulpturen aus dem zwölften Jahrhundert an der Pfarrkirche vor dem Versetzen und dem Umbau des Tores.

Beim Neubau der Pfarrkirche 1900 wurde das Tor um eine Achse an der rechten Torseite um ca. 90 Grad gedreht. Wie hier zu sehen ist, wurde aus den außerhalb des eigentlichen Torbogens sich befindenden Steinen eine kleine rechtwinklige Pforte mit einer Holztür errichtet. Zum Schutz des alten Gemäuers wurde noch ein Schieferdach gebaut.

Zum Glockentag am 9. Oktober 1921 in Remagen wurde diese Karte mit einer Zeichnung des Turmes der alten Pfarrkirche und zwei Engeln, die eine Glocke halten, herausgegeben. 1917, gegen Ende des Ersten Weltkrieges, wurden die Glocken der Kirchen, auch die der evangelischen, eingezogen, um neue Kanonen und Munition daraus zu fertigen.

Die St.-Apollinaris-Kirche zeigt sich hier um 1910 festlich mit vielen Fahnen geschmückt. Die Karte könnte aus der Zeit der Apollinariswallfahrt sein, die am 23. Juli jeden Jahres beginnt.

Hoch überragt von der Wallfahrtskirche sind links noch größere Teile des früheren Priorats zu sehen.

An der Stelle der St.-Apollinaris-Kirche stand früher die Martinskapelle, die wegen erheblicher Bauschäden abgerissen wurde. Am 18. Juli 1839 legte der Kölner Dombaumeister Zwirner den Grundstein zum Bau der neugotischen St.-Apollinaris-Kirche.

An einer mächtigen Eiche vorbei fällt um die Mittagszeit von Süden der Blick auf die Kirche. Links davon ist noch ein Teil des Klosters zu sehen, das inzwischen einem Neubau gewichen ist.

Dies ist der Blickwinkel, aus dem mit Abstand die meisten Aufnahmen der St.-Apollinaris-Kirche gemacht wurden. Es gibt mit Sicherheit über zweihundert Fotos, die nur ganz geringe Unterschiede aufweisen. Wenn man bedenkt, daß allein aus Deutschland ca. 250 Verlage und Fotografen Remagen-Postkarten produziert haben, ist das kein Wunder.

Vom Kirchturm der Pfarrkirche St.-Peter-und-Paul schweift der Blick im Vordergrund über die Gebäude der Weingroßhandlung von Otto Caracciola, Remagen. Rechts liegen die Häuser des unteren Villenviertels, und hinter der Bahnlinie und der Straße nach Bonn liegt über dem nach oben führenden Kreuzweg die Kirche und das alte Priorat.

Ein Blick im Jahre 1909 über die Bergstraße hinauf zur St.-Apollinaris-Kirche in der Ferne. Unten rechts sind Häuser des unteren Villenviertels und der Fürstenbergstraße zu sehen, ganz vorne das frühere Bürgermeisterhaus. Der rüstige Mann mit Bart, links im Bild, ist ein Urahne der Familie Urbach aus Remagen.

Das massive und reichlich mit Ornamenten verzierte Schloßportal aus dem Jahre 1518 ist vielen Bürgern nicht mehr in Erinnerung. Es stand früher als Eingangsportal vor der barocken Propstei. Die Alte Propstei und das Schloßportal wurden 1957 abgerissen; das große Wappen und die Säulen wurden in die Abtei nach Siegburg verbracht.

Auch dieses Foto, das um 1900 aufgenommen wurde, zeigt eine gängige Ansicht Remagens. Rheinabwärts liegt dann auf einer Anhöhe die St.-Apollinaris-Kirche. Rechts sieht man noch die alte Pfarrkirche St.-Peter-und-Paul, umgeben von den Häusern der Altstadt sowie den unteren Anwesen der Bergstraße, im Volksmund „de Joss" genannt.

Auf dieser fünf Jahre später entstandenen Karte ist schon die neue Pfarrkirche als Anbau an die alte Kirche aus dem zwölften Jahrhundert zu sehen. Man sieht, daß das Längsschiff der alten zum Querschiff der neuen Kirche gemacht wurde. Im Vordergrund zweigen von der Bergstraße nach links der Victoriabergweg und nach rechts der Fußweg nach Hinterhausen ab.

Auf dieser Innenansicht der St.-Apollinaris-Kirche erkennt man rechts an den tragenden Säulen die reich geschnitzte Kanzel. Im Chor verschönern die berühmten Freskenmalereien der Künstler Ernst Deger, Andreas und Karl Müller und Franz Ittenbach das Gesamtbild der Kirche. Im Vordergrund ist, eingerahmt von zwei Kerzenleuchtern, der Eingang zur Krypta zu erkennen. Zur Linken könnte es sich um einen reich mit Blumen geschmückten Herz-Jesu-Altar handeln.

Auf der Aufnahme von 1906 ist vorne ein Winzer mit der Rebpflege beschäftigt, von der Höhe grüßt erhaben die St.-Apollinaris-Kirche herab, links stehen die ersten Häuser der Straße Am Apollinarisberg. Das zweite Gebäude war das Haus des früheren Standesbeamten Peter Pohl.

Bergabwärts die Blankertshohl, in Richtung auf den Westerwald schaut die St.-Apollinaris-Kirche aus den Bäumen heraus. Dieser Feldweg führte, abzweigend von der Bergstraße, hinauf auf Kirres und zum Forsthaus Erlenbusch.

Die Zwillingspforte der St.-Apollinaris-Kirche. Rechts und links befinden sich auf Säulen die Statuen des Heiligen Franziskus und der Heiligen Paula, die vom Kölner Baumeister und Bildhauer Karl Hoffmann gestaltet wurden. Sie sind die Namenspatrone des Stifterehepaares Franz Egon Graf von Fürstenberg-Stammheim und seiner Frau Paula, geborene Freiin von Romberg. Die aus Holz geschnitzten Reliefs über den Portaltüren sind Werke des Kölner Bildhauers Christoph Stephan.

Auf dem Vorplatz der St.-Apollinaris-Kirche steht hier rechts noch die St.-Josephs-Kapelle und davor eine Statue des Heiligen Antonius. Heute befindet sich hier nur noch ein Parkplatz.

Dies ist ein Teil des berühmten Freskengemäldes unterhalb des Großbildes „Mariae Geburt". Es zeigt die acht biblischen Frauen.

In der damaligen Coblenzerstraße steht in Blickrichtung auf die St.-Anna-Kapelle die evangelische Kirche von Remagen. Die Grundsteinlegung war am 18. Juni 1871, die Vollendung bereits im Juni 1872, und am 18. Juni 1872 erfolgte die feierliche Einweihung der Friedenskirche. Die Bebauung auf der rechten Seite des Bildes ist 1908 noch lückenhaft.

In der Nähe der alten Post, wo sich heute der große Parkplatz am Ärztehaus befindet, stand die jüdische Synagoge. Im Giebel der Frontseite ist hier die hebräische Jahreszahl 5625 zu lesen, die dem Jahr der Einweihung 1869 entspricht. Dieses Gotteshaus wurde, wie die meisten anderen Synagogen in Deutschland, im November 1938 zerstört.

Diese Postkarte aus der Zeit vor 1890 zeigt uns das Damen-Haushaltungs-Pensionat St.-Anna-Kloster in der ersten Phase nach der Gründung und dem ersten Bauabschnitt, links von der Südseite, rechts von der Nordseite gesehen.

Um 1900 sind auf dieser Lithographie schon weitere Anbauten im Ost- und Westteil zu sehen, die den Platzbedarf für Lehrpersonen und Schülerinnen sowie Ausbildungsräume decken sollten.

Den ersten Schritt zur Gründung des St.-Anna-Klosters machte Mutter Angela, geborene Auguste von Cordier, als sie im März 1864 in Köln den Kaufvertrag über den Erwerb des Fronhofes in Remagen unterschrieb. Die Unterschrift leistete sie im Namen der Schwesternschaft der Franziskanerinnen von Heythuisen. Kurz nach dieser letzten Amtshandlung ist sie am 19. März 1864 verstorben. Am 1. Mai 1866 war der Neubau zum Einzug der ersten Schwestern fertig. Der Fronhof war ein ehemaliges, 1409 gegründetes Benediktinerkloster mit einer Kapelle zu Ehren des Heiligen Johannes.

Von der Südseite aus ragt die große St.-Anna-Kapelle empor. Heute ist sie zunehmend dem Verfall preisgegeben. Links ist das ehemalige Klostertor noch zu sehen, durch den der Weg am Eingang der Kapelle vorbei zur eigentlichen Klosterpforte führte.

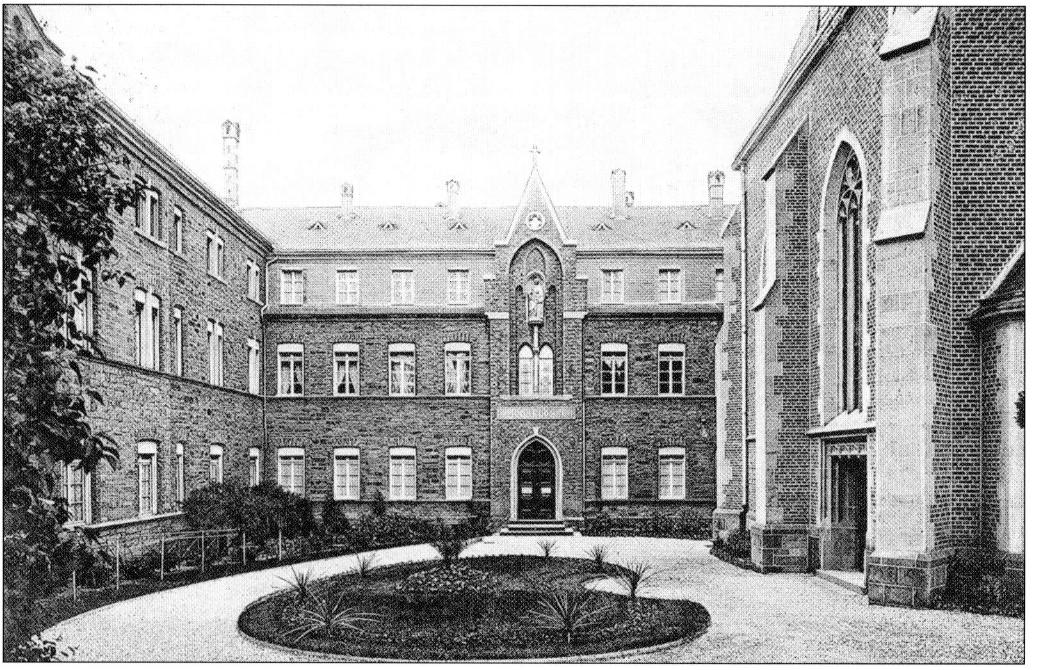

Ein Blick hinter das Klostertor zeigt die liebevoll gepflegten Blumenbeete und die Klosterpforte, über der eine große Statue der Heiligen Anna, der Patronin des Hauses, angebracht ist.

Das St.-Anna-Kloster stellte von der Nordseite gesehen einen für örtliche Verhältnisse mächtigen Gebäudekomplex dar. Rechts oben ist noch ein Teil der evangelischen Kirche zu sehen, links der Turm der St.-Anna-Kapelle.

Die Westseite des St.-Anna-Klosters im Jahre 1906. Rechts verläuft in ost-westlicher Richtung die heutige Marktstraße.

Über dem Gemüsegarten, dem Rebenlaubgang und dem Ökonomiegebäude rechts liegt der große Komplex des St.-Anna-Klosters und der St.-Anna-Kapelle vom Osten aus gesehen, um 1912, im Blickfeld. Heute existiert als kläglicher Rest nur noch die ruinenhafte Kapelle und ein Teil der Westfront des Klosters. Er wird als Altenheim für die betagten Schwestern des Franziskanerinnenordens und als Kindergarten genutzt.

Hier ist neben Teilansichten des großen Klostergartens das alte Tor zum Fronhof aus dem Jahre 1509 zu sehen.

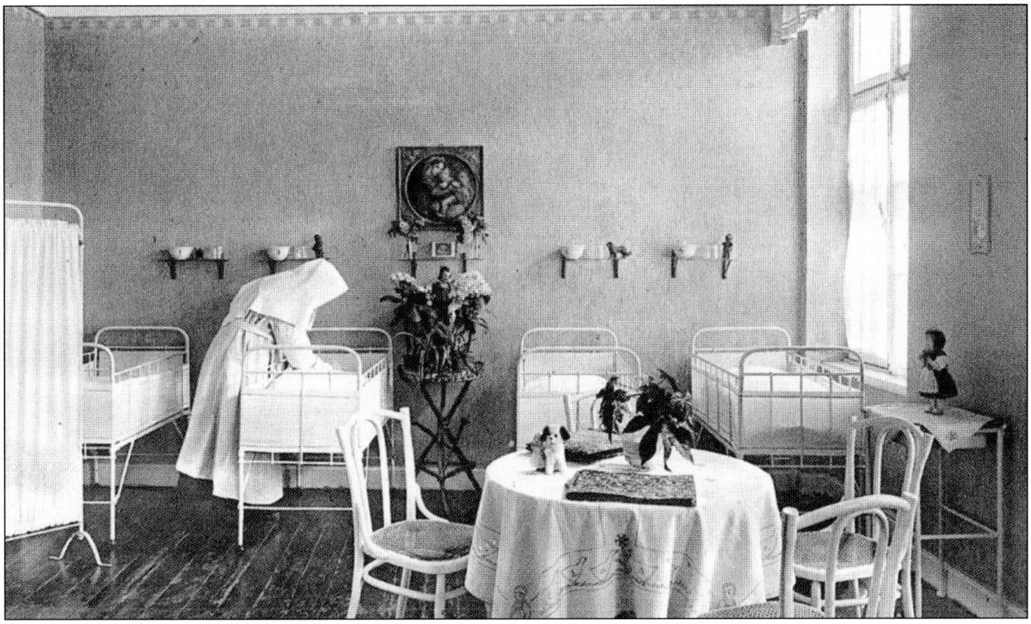

Die Säuglingspflege wurde im Säuglingsheim des Klosters von Ordens- und Zivilschwestern mit viel Liebe und Sorgfalt verrichtet.

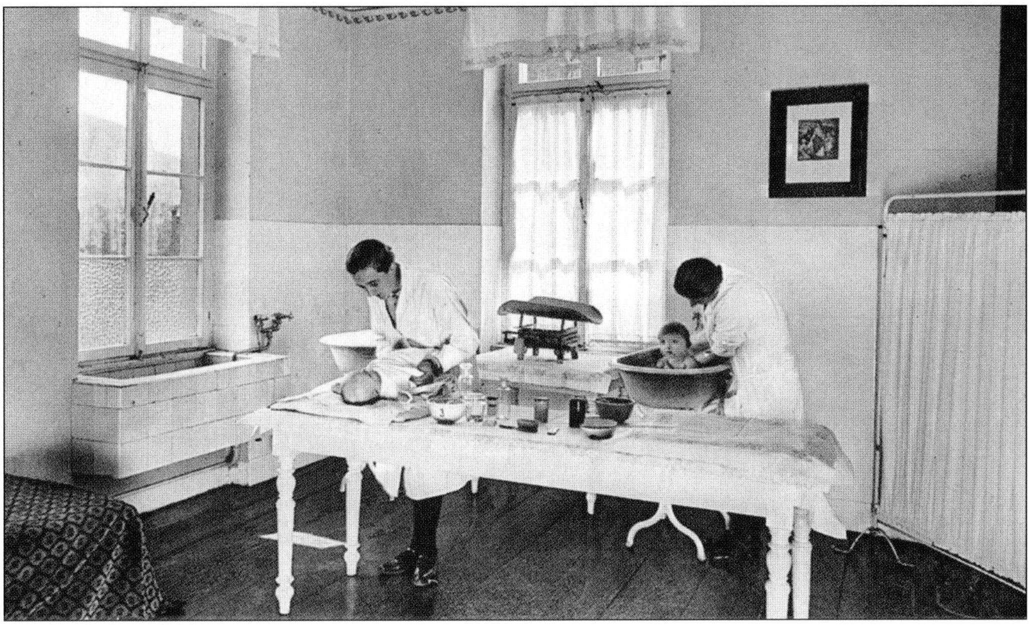

Der Kindergarten um 1905. Die Fürsorge und die Erziehung der Kinder stand bei dem St.-Anna-Kloster immer im Mittelpunkt der Arbeit. In der Osterzeit saßen die Kleinen beim Kuchenessen und freuten sich auf die folgende Mal- oder Spielstunde.

Hier ist eine Schar von Kindern, um 1915, zu sehen mit drei Erzieherinnen und einem kleinen Bollerwagen nebst einer kleinen Ziege. Alle haben sich im rheinwärts gelegenen Garten des Klosters zur Aufnahme in Positur gestellt.

Ein Blick in die Kirchstraße und auf das städtische Museum. An diesem vorbei schweift das Auge bis hin zum Marktplatz, rechts führt die Kirchstraße hin zum Pfarrheim und zur Pfarrkirche St.-Peter-und-Paul. Das Museum selbst ist die ehemalige Knechtstedter Kapelle aus dem 15. Jahrhundert. Das Kloster Knechtstedten befand sich links am großen Hoftor.

Links im Bild steht die Magdalenen-Kapelle von 1561. Das große Haus daneben ist das frühere Bürgermeisterhaus, das zeitweilig beim Umbau des Rathauses als Ersatz diente. Nicht ein Auto ist auf dieser Ansicht der Fürstenbergstraße im Jahre 1909 zu sehen, obwohl diese damals schon die Hauptstraße von Bonn nach Koblenz war.

Das Innere des Museums für römische und fränkische Altertümer in Remagen auf einer Ansichtskarte von 1910.

Diese Karte zeigt eine Auswahl von römischen Gefäßen und Grabfunden. Ganz rechts sieht man ein Teilstück eines römischen Ziegels mit den Anfangsbuchstaben RICOM, den Anfangsbuchstaben für den römischen Namen von Remagen: Ricomagus.

Dies ist der berühmte Grabstein des Dasmenus mit einer lateinischen Inschrift aus der ersten Hälfte des ersten nachchristlichen Jahrhunderts. „Dasmenus, des Dasius Sohn, der Breucer, Soldat aus der achten Cohorte der Breuci, 35 Jahre alt, nach zwölfjähriger Dienstzeit, ruht hier".

Diese Ansichtskarte ist als Feldpostkarte am 24. September 1916 an die Ostfront geschickt worden. Das Krankenhaus Maria Stern geht zurück auf eine Stiftung, die im Jahre 1892 durch das Ehepaar Dr. Harling erfolgte. Seit dieser Zeit sind in der Harlingschen Stiftung die Franziskanerinnen von Nonnenwerth tätig. In den Jahren 1960 bis 1965 erfolgte der erste Umbau und Neubau, weitere Modernisierungsmaßnahmen dauern bis heute an.

Die Südseite des alten Krankenhauses Maria Stern ist vielen jüngeren Remagenern nicht mehr bekannt, da sie bereits vor 40 Jahren abgerissen wurde. Die Karte von 1910 ist eine Fotografie des Remagener Verlegers und Fotografen J. Jos. Dinkelbach.

Eine Hauskarte des Reserve-Lazaretts „Maria Stern“. An der Straße Am Anger stehen gegenüber dem Krankenhaus noch keine Häuser.

Graf Franz Egon von Fürstenberg-Stammheim war mit seiner Frau Gräfin Paula, geborene Freiin von Romberg-Brüninghausen das Stifterpaar der St.-Apollinaris-Kirche von Remagen. Am 20. Dezember 1859 verstarb Graf Franz Egon in Köln. Dieser Totenzettel wurde bei der Beisetzung des Verstorbenen den Trauernden mitgegeben.

Jesus. Maria. Joseph. Hubertus.

„Wir wissen, wenn dieses Haus aus Erde (der Leib) aufgelöset wird, daß wir eine ewige Wohnung bei Gott haben in dem Himmel!"
2. Kor. 5, 1.

✝

Zur christlichen Erinnerung
an den
Hochgebornen Herrn

Franz Egon
Grafen von Fürstenberg-Stammheim,

Königlichen Kammerherrn,

Ritter des Rothen Adler-Ordens II. Classe mit dem Stern, des päpstlichen St.-Gregorius-Ordens Großkreuz, Commandeur des hannoverischen Guelphen-Ordens und Commandeur des badischen Ordens vom Zähringer Löwen I. Classe mit dem Stern.

Geboren zu Herdringen am 24. März 1797, lebte Hochderselbe seit dem 4. October 1829 mit der Gräfin **Paula,** gebornen **Freifrein von Romberg-Brüninghausen,** in glücklicher Ehe, entschlief im Herrn, versehen mit den heiligen Sacramenten, nach einer mit musterhafter Geduld ertragenen vierzehntägigen Krankheit, sanft und ergeben in Gottes heiligen Willen unter dem Beistande des Priesters und dem Gebete seiner Angehörigen und Freunde zu Köln am 20. December 1859, Nachmittags 1¾ Uhr.

Der Verblichene war ein treuer Sohn unserer heiligen katholischen Kirche, das beweis't die Auszeichnung, welche ihm von dem Oberhaupte der Kirche zu Theil geworden ist; das beweis't seine sorgfältige nähere Vorbereitung zum Tode. Der Verstorbene war auch ein sehr verdienter Staatsbürger, und wurde deßhalb von seinem Könige und Herrn durch Standes-Erhöhung und Ordens-Verleihung hoch geehrt.

Mit der zärtlichsten Liebe hing er an seiner Gattin und seinen Kindern. Helfen und Wohlthun war seine größte Freude, deßhalb wird er stets in gesegnetem Andenken bleiben.

Gott möge der tiefgebeugten Gattin und den fünf trauernden Kindern nahe sein mit Seiner Stärke und Seinem Troste!

Die Seele des Dahingeschiedenen wird den ehrwürdigen Priestern am Altare und allen gläubigen Christen zu frommem Gebete bestens empfohlen, damit Gottes Friede mit ihm sei

in Seinen ewigen Wohnungen.

Lasset uns beten:

Löse auf, o Herr! und errette die Seele Deines Dieners Franz Egon, damit er, der Welt gestorben, Dir lebe, und was er durch menschliche Schwachheit in seinem Leben Uebels gethan hat, das wollest Du durch Deine erbarmende Güte auslöschen durch Jesum Christum, Deinen Sohn, unseren Herrn. Amen!

4

Hotels und Gaststätten

Mitten im Wald von Remagen liegt das hübsche Forsthaus Erlenbusch der Familie Louen. In den sechziger Jahren war hier ein schönes Café eingerichtet, wo man sich bei selbstgebackenem Kuchen und Kaffe nach einer Wanderung stärken konnte. Heute ist dieser Nebenerwerb leider eingestellt.

Diese Lithographie von 1899 zeigt links das Hotel „Waldburg“ auf dem Victoriaberg kurz nach der Fertigstellung. Es wurde von den Gästen aus Nah und Fern gut angenommen, vor allem wegen der wunderschönen Aussicht rheinauf- und rheinabwärts und entwickelte sich zu einer wahren Goldgrube.

Diese Aufnahme stammt aus den zwanziger Jahren und zeigt das noch intakte Anwesen des Hotels „Waldburg“. Heute ist es dem völligen Verfall preisgegeben.

Die Privatpension der Geschwister Kesselheim lag in der Bergstraße am Abgang der Straße Am Apollinarisberg unterhalb und gegenüber der St.-Apollinaris-Kirche. Besonders während der Wallfahrten wurden hier zahlreiche Gäste bewirtet. Auch dieses Lokal wechselte mehrmals den Pächter, heute befindet sich hier ein spanisches Restaurant.

Keine hundert Meter entfernt von der Privatpension stand das Gast- und Kaffeehaus „Zum St. Josef" des Besitzers A. Schlich. Auch hier kehrten viele durstige und hungrige Pilger ein. Gegen Ende des Krieges wurde neben anderen Häusern auch dieses völlig zerstört und später wieder aufgebaut. Heute befinden sich in dem Gebäude nur noch Wohnungen.

Der Gasthof „Apollinarisberg“ von Aegidius Fassbender, um 1910. In späteren Jahren wurde der Gasthof zum Hotel „Apollinarisberg“ umgebaut. Links ist der alte Marienbrunnen vor dem Pfarrhaus und unten eine Panoramaaufnahme von Remagen den Rhein hinunter zu sehen.

Die Fürstenbergstraße war trotz des regen Verkehrs in den dreißiger Jahren noch eine wichtige Geschäftsstraße. Die Privatpension von J. Winter ist schon lange vorher neuen Bauten gewichen, bevor durch die Nordeinfahrt die ganze rechte Straßenseite abgerissen wurde.

Dieses Haus mit seiner wechselvollen Geschichte wurde von der bekannten Kölner Familie von Guilleaume, einer vermögenden Fabrikantendynastie, erbaut. Ende der dreißiger Jahre war es ein vornehmes Hotel. Nach dem Zweiten Weltkrieg wurde es zunächst der Sitz des französischen Hohen Kommissars, dann Residenz des französischen Botschafters.

An der Ecke Geschwister-Scholl-Straße/Seelenstraße befand sich das Hotel und die Gaststätte „Zum Bahnhof" von W. Lehmkühler aus Essen. Später wechselte der Besitz an die bekannte Familie Pinger, deren zwei Enkelsöhne auch den Hotelneubau am Bahnhof führen.

Diese Aufnahme zeigt die Bachstraße um 1910. Links befindet sich das Restaurant „Rheingold“ von Willy Henrich. Dahinter schließt sich das Hotel „Zum Alten Deutschen“ nebst Metzgerei von Josef Allmang an. Das „Rheingold“ wechselte mehrmals sowohl Eigentümer als auch Namen und hieß dann „Alt Remagen“.

Wenige Schritte weiter die Bachstraße hinunter kommt man zum Restaurant „Ratsschenke“ von Heinrich Hirtz, der nebenbei noch einen Weinversand führte. Nach wechselnden Pächtern wurde das Restaurant geschlossen.

Am Marktplatz gegenüber vom Rathaus befindet sich die Restauration „Zur Krone". Nach der Pächterin Frau Margarete Meffert, der Familie Kothen und Familie Rambach wird dieses schöne Lokal von Berthold Schmitz, dem Schwiegersohn Paul Rambachs, und seiner Frau Margot weiter geführt.

Das Café und die Konditorei „Denn“ in der Hauptstraße 84, heute Marktstraße, ist vielen Älteren noch in guter Erinnerung. Man konnte hier auch Zimmer mieten und in gemütlicher Atmosphäre bei leckerem Kuchen und Kaffee die Stunden verbringen. Heute ist hier ein Friseurgeschäft zu finden.

Auf dieser Fotografie aus der Kriegszeit ist das „Café Wirz“ zu sehen, vielen eher noch als „Café Langenspacher“ bekannt. Die drei Gebrüder Langenspacher führten das Café bis etwa 1955/56 weiter. Wegen ihres spärlichen Haarwuchses nannte man sie im Volksmund die „Drei Plääte“.

Das Hotel „Hof von Holland“ des Besitzers Hermann Faßbender lag am Beginn der Marktstraße in der Nähe des Marktplatzes. Nach dem Krieg war darin nach Umbauten eine Filiale von „Kaisers Kaffee“, dann machte dort ein großes Schuhgeschäft auf, heute steht es leer.

An der Ecke Ackermannsgasse/Marktstraße nur wenige Schritte weiter steht das Hotel-Restaurant „Fassbender“ mit eigener Metzgerei. Der damalige Besitzer hieß Heinrich Fassbender, zu Hermann Fassbender bestand keine Verwandtschaft. Bis auf den heutigen Tag wird es von der Familie geführt.

An der Ecke Marktstraße/Josefstraße stand das Lokal „Winzer-Verein-Remagen" des Ökonoms Josef Jung. Am 2. Januar 1945 wurde dieses Gebäude durch Bomben dem Erdboden gleich gemacht. Die verschüttete Frau Besgen konnte lebend, ihr jüngster Sohn Hansi, damals neun Jahre alt, nur noch tot aus den Trümmern geborgen werden.

Nach dem Kriege wurden die Gebäude wieder aufgebaut. Zur Marktstraße hin zog eine Bank ein, in der Josefstraße entstand der Neubau für das Hotel „Winzer-Verein", das von der Familie Besgen weitergeführt wurde. Nach einem Supermarkt zog hier die Firma Schlecker ein.

In der heutigen Fußgängerzone lag in der Hauptstraße 56, der heutigen Marktstraße, die Remagener Frühstücksstube, Gastwirtschaft und Metzgerei von Matthias Kessel. Vor dem Eingang steht das Ehepaar Kessel mit dem kleinen Sohn Willi. Heute ist hier ein türkisches Restaurant.

Gegenüber dem Hotel „Victoria“ stand in der Nähe des alten Bahnübergangs das Hotel „Bergischer Hof“. Über einer mit Grün bewachsenen Laube ist noch die Reklametafel des damaligen Inhabers Jakob Christ zu lesen. Auch dieses Haus wechselte mehrfach Besitzer und Pächter, bis es dann abgerissen wurde.

Einen Gruß aus dem Hotel „Victoriaberg“ schickte am 17. Oktober 1916 ein genesender Fußsoldat an seine Braut nach Halver in Westfalen. Auch dieses Haus diente wie viele andere in Remagen als Reserve-Lazarett. Links hinter dem Oldtimer stand früher das Bachtor, dahinter führt die Bachstraße in die Innenstadt hinein. Rechts führt die Drususstraße zum Bahnhof.

In der heutigen Fußgängerzone lag in der Hauptstraße 56, der heutigen Marktstraße, die Remagener Frühstücksstube, Gastwirtschaft und Metzgerei von Matthias Kessel. Vor dem Eingang steht das Ehepaar Kessel mit dem kleinen Sohn Willi. Heute ist hier ein türkisches Restaurant.

Gegenüber dem Hotel „Victoria" stand in der Nähe des alten Bahnübergangs das Hotel „Bergischer Hof". Über einer mit Grün bewachsenen Laube ist noch die Reklametafel des damaligen Inhabers Jakob Christ zu lesen. Auch dieses Haus wechselte mehrfach Besitzer und Pächter, bis es dann abgerissen wurde.

Einen Gruß aus dem Hotel „Victoriaberg" schickte am 17. Oktober 1916 ein genesender Fußsoldat an seine Braut nach Halver in Westfalen. Auch dieses Haus diente wie viele andere in Remagen als Reserve-Lazarett. Links hinter dem Oldtimer stand früher das Bachtor, dahinter führt die Bachstraße in die Innenstadt hinein. Rechts führt die Drususstraße zum Bahnhof.

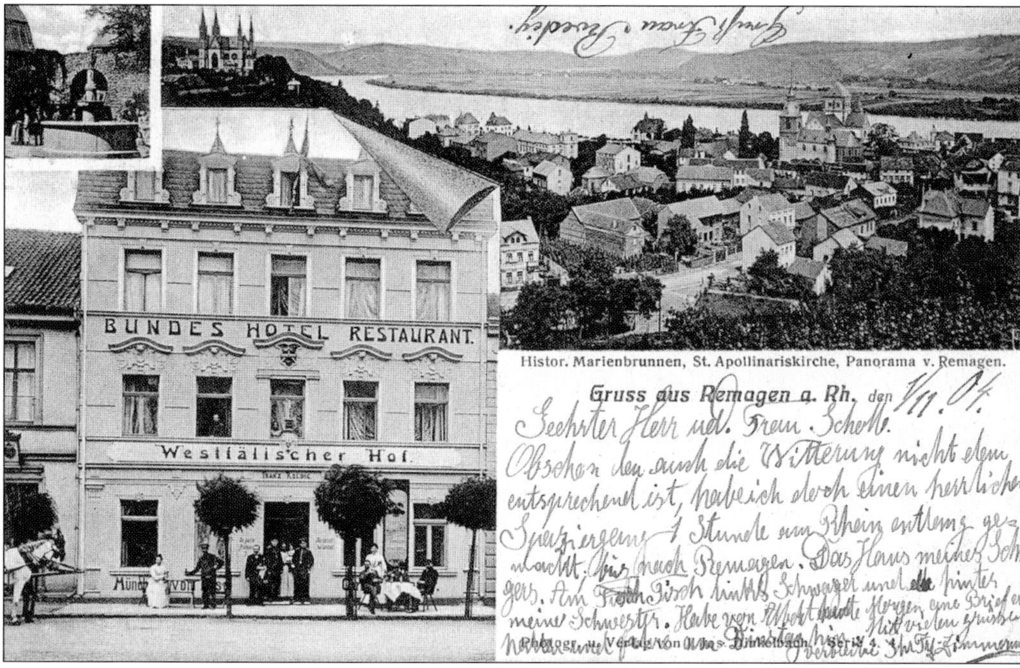

Am Bahnhofsvorplatz steht das auch heute noch existierende Hotel „Westfälischer Hof" von Franz Roedig. Auf diesem Bild haben sich einige Gäste vor dem Hotel in Positur gestellt. Das Lokal wird, nach gründlicher Renovierung, bis heute geführt.

In den dreißiger Jahren lag hinter den zwei Droschken der Bahnhof von Remagen mit seinem Eingangsportal. Im Hintergrund befand sich links das „Café Mainzer", daneben das Hotel „Westfälischer Hof" und folgend das Tabak- und Schreibwarengeschäft von Frau Helene Hürter.

Das Lokal „Zum Lindenhof", an der Ecke Von-Lassaulx-Straße/Jahnstraße ist noch an verblichenen Reklamen zu erkennen. Die Gartenlaube scheint recht gut besucht worden zu sein. Es ist heute im Besitz von Paul Alfter.

Gegenüber vom Bahnhof am Vorplatz steht heute noch das Anwesen der Bäckerei, Konditorei und Cafés von Carl Heinz Mainzer. In den Jahren nach dem Krieg hat es dann öfters den Eigentümer gewechselt.

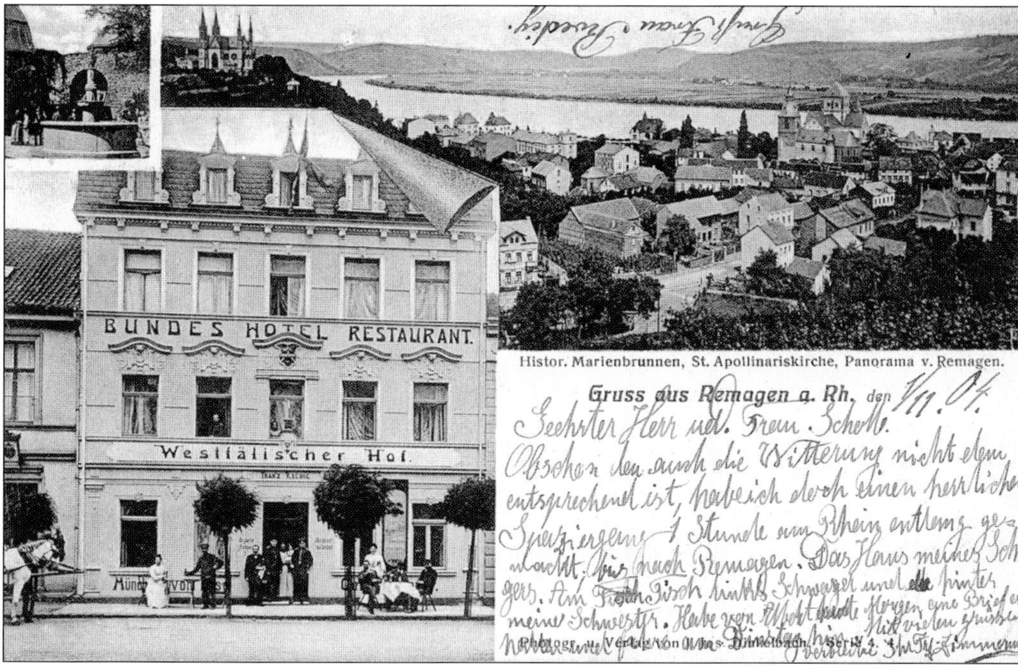

Am Bahnhofsvorplatz steht das auch heute noch existierende Hotel „Westfälischer Hof“ von Franz Roedig. Auf diesem Bild haben sich einige Gäste vor dem Hotel in Positur gestellt. Das Lokal wird, nach gründlicher Renovierung, bis heute geführt.

In den dreißiger Jahren lag hinter den zwei Droschken der Bahnhof von Remagen mit seinem Eingangsportal. Im Hintergrund befand sich links das „Café Mainzer“, daneben das Hotel „Westfälischer Hof“ und folgend das Tabak- und Schreibwarengeschäft von Frau Helene Hürter.

Das Lokal „Zum Lindenhof", an der Ecke Von-Lassaulx-Straße/Jahnstraße ist noch an verblichenen Reklamen zu erkennen. Die Gartenlaube scheint recht gut besucht worden zu sein. Es ist heute im Besitz von Paul Alfter.

Gegenüber vom Bahnhof am Vorplatz steht heute noch das Anwesen der Bäckerei, Konditorei und Cafés von Carl Heinz Mainzer. In den Jahren nach dem Krieg hat es dann öfters den Eigentümer gewechselt.

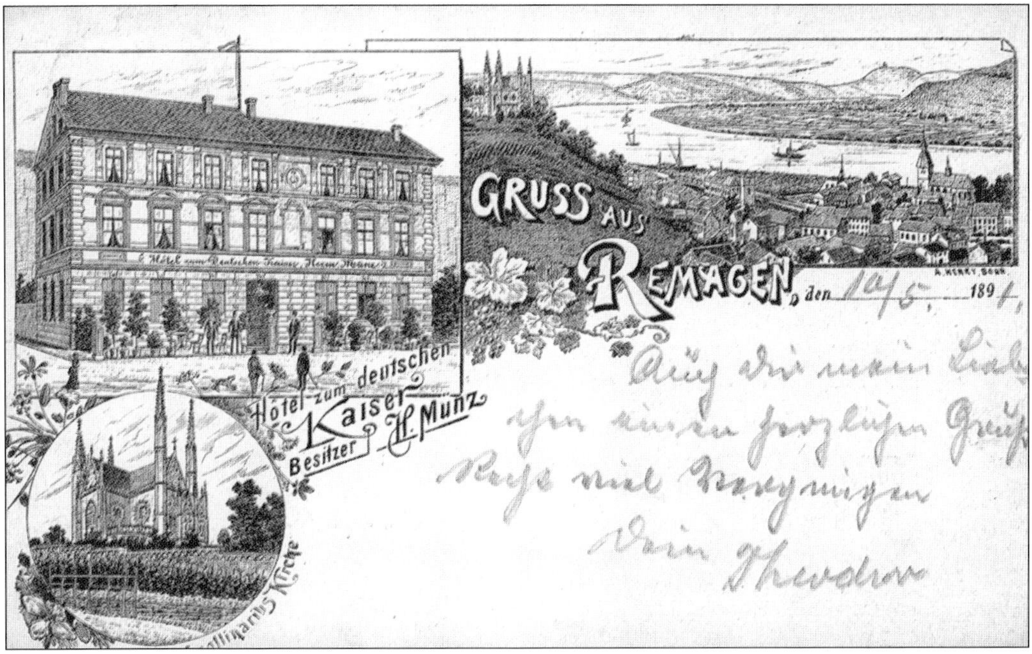

Das Hotel „Zum deutschen Kaiser" unter dem damaligen Besitzer H. Münz lag genau gegenüber vom Bahnhof. Um 1900 stand es unter der Leitung von Leo Schleicher.

In den zwanziger Jahren wurde es dann umbenannt in „Central-Hotel" und von Jacob Bell geführt. Zwischen 1927 und der Schließung führten es die Familien Rothe und Hattenhauer. Heute befindet sich im Erdgeschoß eine große Arztpraxis, in den Stockwerken darüber sind Wohnungen gebaut worden.

Die „Bacharacher Weinstube“ von Wilhelm Schnabel ist vielen nicht mehr in Erinnerung, da sie bei einem Großfeuer am 19. Januar 1932 um drei Uhr nachts erheblich zerstört wurde. Das Lokal stand in der Nähe des Bahnhofes, wo sich heute das neue Hotel „Pinger“ befindet.

An der Abzweigung der Bahnhofstraße von der Marktstraße stand der Jägerhof von Joh. Jos. Schüller. Nach dem Krieg befand sich darin ein Elektrowarengeschäft, heute ist dort eine Videothek eingerichtet.

Das Gasthaus „Zur Wacht am Rhein" um 1910. Es diente vor allem den Kunden der Orderstation von Bernhardt Wendt seit 1855 als Gästequartier. Die Orderstation versorgte Schiffe mit Lebensmitteln, Post und auch Nachrichten. Im Dezember 1944 wurde das Gasthaus durch Bomben zerstört und abgerissen. Ein Neuaufbau zum heutigen Aussehen erfolgte 1960.

Auf dieser gezeichneten Feldpostkarte von 1941 ist rechts die Orderstation zu sehen, dahinter steht das Gasthaus „Zur Wacht am Rhein". Etwas weiter weg, hinter der Fährgasse, befindet sich die ehemalige Steppdeckenfabrik Ohlig. Ab 1970 übernahm Otto Neubeck den Betrieb, mußte 1992 aber das Geschäft aufgeben.

Das ebenfalls an der Rheinpromenande gelegene Hotel „Anker" wurde um 1884 von Paul Lehmann erbaut. Die überdachte Terrasse davor wurde aber erst später errichtet. Im Jahre 1902 übernahm W. Lechtenböhmer das Haus, nach seinem Tod führt seine Frau Helene Lechtenböhmer das Hotel bis heute und wird dabei von der Familie Fassbender unterstützt.

Mit Blick nach Westen erkennt man die modernisierte Rheinpromenade mit den Blumenbeeten und linker Hand das Hotel „Anker", gefolgt vom Hotel „Fürstenberg". Auf der Straße wird Eis verkauft.

Auf dieser Karte von 1894 ist neben dem Hauptmotiv des Hotels „Fürstenberg“ mit einer Rosette der Terrasse rechts oben die St.-Apollinaris-Kirche und ganz unten links das weiße Kreuz von Altenahr zu sehen.

1903 hat ein Künstler diese Hauskarte des Hotels „Fürstenberg“ gemalt, unter den Fahnen des Kaiserreiches ein prächtiger Anblick. Nur noch das Hotel, bzw. das Gebäude über dem Anlegesteg ist von dieser Kulisse geblieben.

Die Gesamtansicht des Hotels „Fürstenberg", um 1905, ist beeindruckend. Vom Pavillon links geht der Blick an der großen Terrasse, dem Haupthaus und dem angeschlossenen Hotel „König von Preußen" bis zum „Rheinhotel" und dem daneben liegenden Apollinarishaus. Die Rheinpromenade ist noch nicht befestigt, mehrere kleine Ausflugboote warten auf Gäste.

Ein Vierteljahrhundert später ist dieses Foto entstanden. Es zeigt vor dem Hotel zahlreiche Oldtimer. Die Bierterrasse ist gut besucht.

Das Gebäude hinter der großen Bierterrasse ist das Hotel „König von Preußen“, welches zum Gesamtkomplex des Hotels „Fürstenberg“ gehört. Es ist dem Abriß entgangen und beherbergt heute in seinen Mauern ein italienisches Spitzenrestaurant und Privatwohnungen. Das Foto entstand um 1930.

Der große Speisesaal des Hotels „Fürstenberg“, um 1910. Die Tische sind bereits eingedeckt. Die ersten Gäste warten schon auf ihr Essen und genießen die herrliche Aussicht auf den Rhein.

Um 1910 sieht die grün umrankte, große Gästeterrasse des Hotels „Fürstenberg/Caracciola" sehr gepflegt aus. Im Sommer kamen viele Touristen aus aller Herren Länder, davon viele Gäste mit dem Schiff, um sich hier mit erlesenen Speisen verwöhnen zu lassen und die schöne Aussicht auf den Strom und die Gegend zu genießen.

Das Hotel zählte nach dem Baedeker zu der berühmte Gruppe der „Fünf am Rhein".

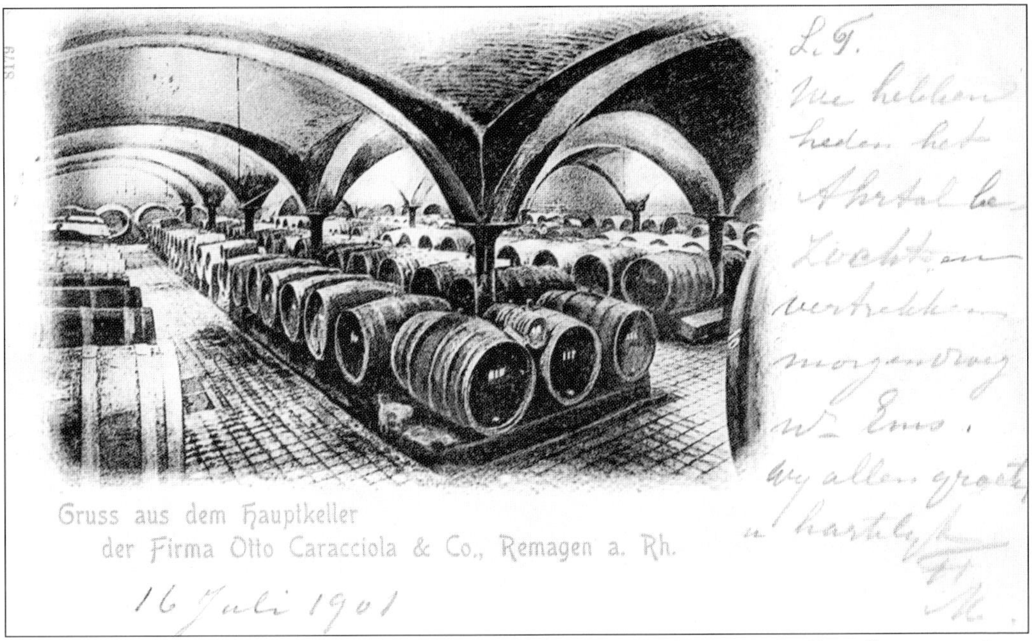

Wie viele gute Tropfen mögen hier durch den Hauptkeller der Weingroßhandlung von Otto Caracciola in Remagen an die Weinkunden gegangen sein? Gemäß einer Weinpreisliste wurde überwiegend mit Weinen aus deutschen Landen gehandelt. Man schrieb das Jahr 1901, das Geburtsjahr von Rudolf Caracciola, dem berühmten Rennfahrer.

Die alte Weinprobierstube der Weinhandlung im gleichen Hause. Die Verse, die die Stube umrahmen, sind aus Goethes Götz von Berlichingen, in dem Ritter Götz dem Bruder Martin besinnlich antwortet: „Wie ich ihn trinke, ist es wahr!“ Am Schluß des Spruches heißt es noch: „Für Sorgen sorgt das liebe Leben, und Sorgenbrecher sind die Reben.“

Das Hotel „König von Preußen“ war durch die Ackermannsgasse vom eigentlichen Hotel „Fürstenberg“ getrennt, aber durch eine Brücke mit diesem verbunden. Unmittelbar rechts befindet sich die Anlegestelle der Köln-Düsseldorfer Dampfschiffahrtsgesellschaft.

Dieser lithographierte Hausprospekt aus der Zeit um 1895 zeigt vor dem „Rhein-Hotel“ des Besitzers Fritz Liese einen anlegenden Radkastendampfer und oben rechts ein Teilpanorama des Siebengebirges mit dem Drachenfels.

Auch diese Karte wurde im Jahre 1903 von einem Künstler gemalt. Bei lebhaftem Verkehr auf der Rheinpromenade zeigt sich das „Rhein-Hotel" von seiner schönsten Seite. Von dem Türmchen auf dem Hotel konnte man bei klarem Wetter sogar den Kölner Dom sehen. Rechts ist ein Teil des Apollinarishauses zu sehen.

Eine Generation später hat sich nicht viel geändert am Gesamtbild. Rechts wird ein Lastkahn von einem Lkw über die wackeligen Stege mit Apollinariswasser beladen.

Die alte Unkelbrücker Mühle am Eingang zum Unkelbacher Tal beherbergte in ihren dicken, alten Mauern das Restaurant-Forsthaus „Zum kühlen Grunde". Die alte Wassermühle arbeitete von 1110 bis 1805 für das Kloster. Sie war ein Geschenk der Stadt Remagen im Jahre 1110 an die Benediktinerabtei in Siegburg.

5
Blick in die Umgebung

Stromabwärts liegt in Oberwinter das Rhein-Hotel „Stein", das noch heute in Familienbesitz ist. Dem Weinbau in dem über 1.100 Jahre alten Oberwinter, das besonders für seine Rotweine bekannt war, ist durch die Reblaus und andere Rebkrankheiten ein Ende gesetzt worden.

Rheinabwärts liegt Oberwinter mit seinem Hafen, aufgenommen von Birgel, einem auf der Höhe gelegenen Ortsteil. Die Restauration von Matthias Gemein steht heute noch. Die große Villa im Vordergrund ist das Haus Burg. Sie stammt noch aus der Kaiserzeit.

Im Jahre 1908 ist die Uferpromenade von Oberwinter noch ein beliebter Treffpunkt für jung und alt. Wegen des stetig zunehmenden Verkehrs und der engen Ortsdurchfahrt wurde 1936 die Provinzialstraße als neue Umgehungsstraße ausgebaut. Von der Bevölkerung kam erheblicher Protest auf wegen des Wegfalls der schönen Rheinanlagen, ihrer Ruhe- und Erholungsstätte.

Vom Hafendamm aus aufgenommen, spiegelt sich 1915 Oberwinter im Wasser des Hafenbeckens. Rechts mit dem spitzen Turm steht die alte, katholische Kirche. Die evangelische Kirche steht etwas weiter vom Ufer weg in der Stadt.

Etwa um die gleiche Zeit sieht man hier einen Teil der alten Uferpromenade mit den historisch wertvollen Häusern wie zum Beispiel der Fritzeburg, dem großen Fachwerkhaus inmitten der Ansicht. Es stammt aus der Mitte des 17. Jahrhunderts und ist in späterer Zeit des öfteren um- und ausgebaut worden.

Die Restauration „Oberwinterer Winzerverein", hier in der Frontansicht der Gartenwirtschaft um 1902, ist schon lange verschwunden. In ihr wurde, wie auf der Karte vermerkt, nur reiner Wein ausgeschenkt.

Das Gasthaus „Zum goldenen Anker" des Weingutbesitzers Heinrich Hüsch in Oberwinter ist eines der ältesten Wirtshäuser vor Ort. Bis vor kurzem lag es in den Händen von Peter Roosen.

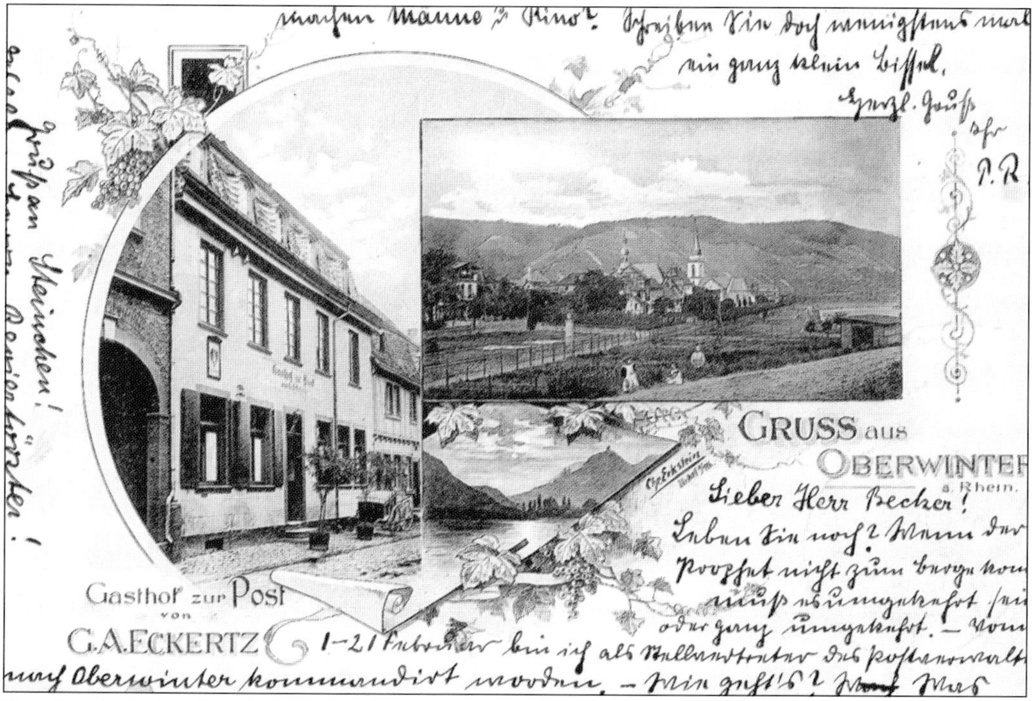

Der Gasthof „Zur Post“ von G.A. Eckertz in Oberwinter dürfte den meisten Betrachtern schon nicht mehr bekannt sein. Auf der Ortsansicht sind 1899 noch die vielen Weinberge zu sehen, die damals an den Hanglagen die Gemeinde umgaben.

Die Gastwirtschaft „Zur Rheinlust“ von Joh. Monschau war recht klein und stand am Rhein in der Nähe des Hafens von Oberwinter. Auch sie existiert heute nicht mehr.

Bandorf ist heute ein Ortsteil von Oberwinter und hat bis heute sein ländliches Flair bewahren können. Der historische Mittelpunkt des kleinen Ortes ist ein alter Burgturm, der Zehntturm, der ganz rechts im Bild zu sehen ist. Auf alten Mauerankern ist die Jahreszahl 1657 ausgewiesen.

1900 war dieses Ausflugslokal „Zum alten Vulkan" am Rodderberg besonders bei den Bonner Studenten beliebt. Es gab sogar einen kleinen See, auf dem man mit Booten fahren konnte. Am Rhein entlang in nördlicher Richtung sind noch die Spuren eines erloschenen Vulkanes zu sehen, der nachweislich 300 v.Chr. zum letzten Male aktiv war.

Unkelbach liegt in einem Seitental des Rheines, drei Kilometer stromabwärts von Remagen. Auf dieser Lithographie von 1900 ist der Neubau der Pfarrkirche schon zu sehen. Die Grundsteinlegung war am 11. Juni 1899. Die Gastwirtschaft von J. Bauer wurde bis vor wenigen Jahren noch betrieben.

Diese Feldpostkarte vom 16. April 1918 könnte anhand ihres rückseitigen Stempels auf ein Gefangenenlager hinweisen. Sie muß noch älter sein als die obere Lithographie, da im linken Teil noch die alte Pfarrkirche zu sehen ist, die um 1200 erbaut und 1900 abgebrochen wurde. In Unkelbach wurde zu dieser Zeit noch Weinbau betrieben.

In dem großen Fachwerkhaus am Dorfplatz von Unkelbach wurde am 1. April 1897 die kaiserliche Postagentur untergebracht. Das noch heute stehende Anwesen stammt aus dem Jahre 1749 und war die Bäckerei des Peter Josef Amzehnhof.

Schräg gegenüber dem Haus von Bäckermeister Amzehnhof lag das Gasthaus „Zur Erholung" von Peter Kohlhaas. Im August 1957 wurde es von Rudolf Kulb übernommen. Ab September 1969 hieß das Gasthaus „Beim Kohlhaas".

Auf dieser belgischen Militärpostkarte von 1921 schaut man auf den Bahnhof von Rolandseck, dahinter liegen die Insel Nonnenwerth und Ausläufer des Siebengebirges. Der Bahnhof von Rolandseck wurde 1857/58 fertiggestellt und diente bis Oktober 1899 auch als Bahnstation für Oberwinter.

Mit der Bahnstrecke kam der Aufschwung in die Region, da viele kapitalkräftige Familien Rolandseck als neues Domizil wählten. Der Bahnhof selber war mit seinen wunderschönen Sälen und den großen Terrassen als Vergnügungsplatz sehr beliebt. Als Künstler-Bahnhof hat er heute eine neue Zukunft.

Auf dieser alten Lithographie von Rolandseck ist die Zeit um 1750 festgehalten. Nur wenige Häuser sind an der Straße links zu erkennen. Erst hundert Jahre später begann mit der Dampfschiffahrt und der Bahnstrecke Köln – Koblenz der große Ansturm der Gäste aus nah und fern. Um 1900 lag die Anzahl der verschickten Ansichtskarten in Rolandseck bei 8000 Stück wöchentlich!

Eines von diesen ersten Hotels am Rheinufer war der „Kölner Hof" von Johann Steinborn, der sogar eine eigene Dampferanlegestelle hatte. Heute existiert dieses Hotel nicht mehr.

Ein weiteres bekanntes und beliebtes Gästedomizil war das Hotel „Rheingold-Bellevue" von L. Decker im Luftkurort Rolandseck. Es steht heute noch direkt an der Fähre Rolandseck – Bad Honnef und in unmittelbarer Nähe zum Bahnhof. Heute befindet sich hier ein Feinschmecker-Restaurant.

Aus der Zeit des Weinbaus am nördlichen Ende des Mittelrheins um die Jahrhundertwende stammt diese Ansicht der Weinkellerei von G. Lauffs, der sogar Hoflieferant gewesen ist. Auf dieser Rheinseite gibt es schon lange keinen Weinbau mehr, während auf der Seite rechts am Drachenfels und von dort rheinaufwärts noch gute Tropfen wachsen.

Auf der zwischen Rolandseck und Rolandswerth rheinabwärts gelegenen Insel Nonnenwerth liegt das gleichnamige Kloster, dessen Gründung bis weit in das Mittelalter zurückreicht. Heute sind in diesem Kloster immer noch die Franziskanerinnen zu Hause, die gerade in dieser Region sehr viel an guten Diensten geleistet haben, z.B. in der Krankenpflege und im Schuldienst.

Hier sieht man den westlichen Flügel der großen Klosteranlage mit der Kapelle zur Rechten. Etwas weiter links befindet sich an den zwei Lorbeerbäumchen der Haupteingang zum Kloster und ein Teil der Räume des Gymnasiums.

Das Inselkloster Nonnenwerth war damals schon vom linken Rheinufer per Boot zu erreichen – bei Hochwasser und dem früher sehr gefürchteten Eisgang kein ungefährliches Unternehmen. Links ist noch die Rheinbadeanstalt für die Inselbewohner zu erkennen. Heute können interessierte Gäste hier sogar Urlaub machen.

Auf einer vorspringenden Anhöhe unterhalb des weltberühmten Rolandbogens stand früher der Rolandstempel, ein wunderschöner, kleiner Pavillon, von dem man einen herrlichen Rundblick über die gesamte Umgebung hatte. Leider ist dieses Bauwerk schon vor langen Jahren der Naturgewalt zum Opfer gefallen und nicht wieder aufgebaut worden.

Als letzte Gemeinde vor der Landesgrenze zu Nordrhein-Westfalen liegt das alte, aber sehr schön erhaltene Rolandswerth. Durch die Bahnlinie und die heutige Bundesstraße ist der Ort zweigeteilt. Der rheinseitige Teil ist immer wieder vom Hochwasser des Rheins bedroht, der bergseitige Teil bleibt hochwasserfrei. Rechts ist das alte Hotel „Kölner Hof" zu sehen.

Der vielbesungene Rolandsbogen, hoch über dem Rheintal gelegen, steht über dem Ort Rolandseck auf einem Basaltfelsen als einziger Überrest der urkundlich schon im elften Jahrhundert vorkommenden Burg Rolandseck.

In seinem Gedicht „Rolandseck" rief der Dichter Ferdinand Freiligrath, der 1839 nach Unkel gezogen war, zu Wiederherstellung des Rolandsbogens auf, der im Januar 1840 eingestürzt war. Im Juni des gleichen Jahres erfolgte schon der Wiederaufbau. Am 17. Juni 1914 wurde Freiligraths Denkmal feierlich enthüllt.

Gegenüber von Linz am Rhein, unterhalb der Ahrmündung, liegt die Gemeinde Kripp. Als man 1932 in 250 Meter Tiefe die Maria-Luisen-Quelle erbohrte, wurde der Ort zum Kurbad Kripp mit eigenem Kurhaus, Thermalbad und hervorragendem Heilwasser. Das Bad bestand bis zum Ende der fünfziger Jahre.

Die Hauptstraße von Kripp, heute Quellenstraße, zeigt rechts eine markante Häuserzeile, von der heute nur noch das Haus mit der Ziegelwand und dem vorspringenden Erker nebst Balkon erhalten ist. Von links mündet hier die Voßstraße ein.

Mitten im Ortskern von Kripp, an der Einmündung der Mittelstraße in die Quellenstraße, liegt das 1852 erbaute Gasthaus „Rhein-Ahr", ab 1961 im Besitz von Karl-Heinz Schremmer. Rechts hinter dem Hotel schaut die St.-Johann-Nepomuk-Pfarrkirche heraus.

Eines der bestimmenden Häuser an der Kripper Rheinallee ist auch heute noch das Hotel „Rheingold", hier auf einem Foto um 1910. Auch dieses Haus ist in den letzten Jahren modernisiert worden.

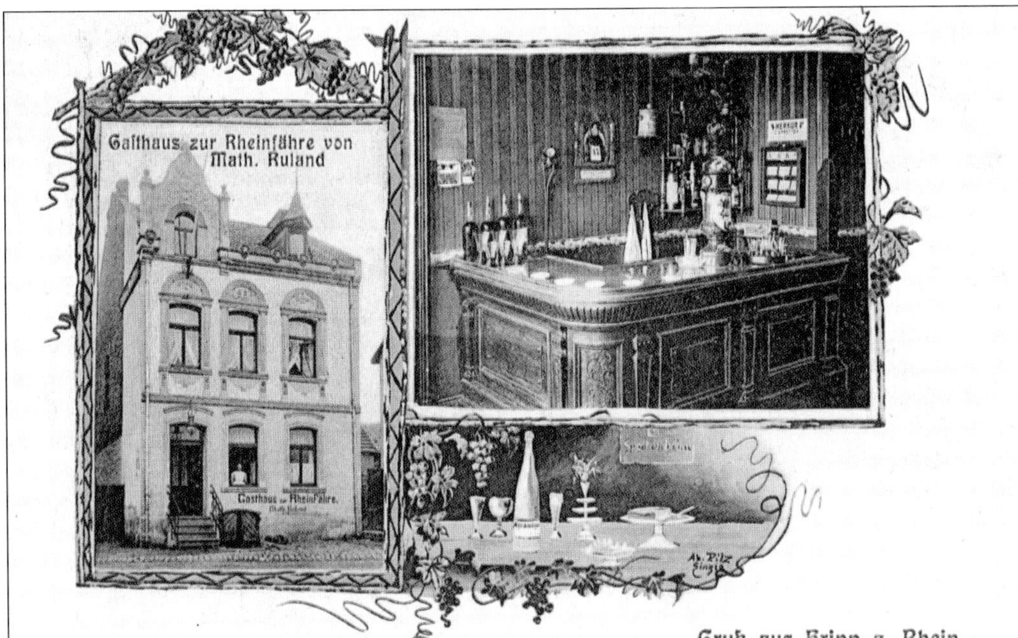

Unmittelbar rechts von dem obigen Hotel stand um 1911 das Gasthaus „Zur Rheinfähre" von Math. Ruland. In den fünfziger Jahren übernahm dann Hans Geyer das Lokal, vielen noch unter dem Namen „Der musikalische Wirt" bekannt. Später zog hier ein spanisches Restaurant ein.

Die neue Pfarrkirche von Ödingen wurde 1908 gebaut und hat die Heilige Gertrud zur Patronin. Die alte Kirche aus dem zwölften Jahrhundert steht am Friedhof und wird als Friedhofskapelle noch heute benutzt. In ihr befindet sich auch die Familiengruft der Familie Hermann-Josef Abs. Die alte Schule ist für den heutigen Schulbetrieb zu klein geworden. Ödingen liegt als kleine, aber stetig wachsende Gemeinde im Amt Remagen am weitesten vom Rhein entfernt.